U0789294

嘉靖以來內閣首輔傳卷之五

吳郡王世貞元美著

徐階

徐階字子升松江之華亭人世世受耕不仕至父黼而補邑椽史治牘無害授宣平縣丞徙寧都有廉能聲階生甫周歲而女奴墮之眢井小吏之婦號而出之則絶矣後三日蘇五歲從父移任道墮括蒼嶺百餘丈衣絓於樹得不死二十舉應天試學士董玘識階文於黜而異之寘高等明年對策遂爲第三人及第階爲人短小白皙秀眉目善容止既入謁內閣輔臣楊廷和見而獨異之指以語其寮曰此少年名位不下我輩尋授翰林院編修予歸娶且北上道遇言禮得戍逐者邑邑不樂又念其父且老亟返棹至彭城而聞訃歸服除補故官階性穎敏讀書爲古文辭傾身以事賢豪長者時故新建伯王守仁以講學傾東南階與其門人歐陽德同年而善之遂爲王氏學諸賢豪長者交口稱譽階

故盡得縉紳間聲充　經筵展書預修大明會典
再預修祀儀成典時　上好更定禮制欲紬
孔子王號去像爲木主於籩豆禮樂皆有所抑
損而首揆張孚敬緣上指而發之下儒臣議相
顧懾讋亡異同者階獨條其三不必五不可狀
甚辨疏上報聞孚敬坐朝堂召階盛氣詰之階
徐理前說且曰　高帝盡革嶽瀆號而獨不革
孔子者何也孚敬遜曰　高帝少時作耳胡可
據階曰　高帝定天下而後議禮寧少耶果爾

明公之議四郊何以力據　高帝少作乎孚敬頰
盡赤曰爾謂塑像應古禮不階曰塑像非古然
旣以肖而師事之何忍毀也孚敬曰程氏不云
乎一毫髮不似吾親可以親名之乎階曰有一
毫髮而似吾親毀諸可乎且明公能盡必　列
聖之御容無毫髮不似乎哉卽何以處之孚敬
語塞怒曰若叛我階正色曰叛者生於附者也
階故未嘗附明公何得言叛長揖出於是　上
亦緣孚敬意爲或問以難階而斥之外爲延平

府推官階既以尊孔子首抗　天子排上相中外稱之而尚意其自禁近出為小官即不內鄙薄有故事可以優游養重階獨不然曰官大小非王臣耶且盤根錯節所以礪我不淺乃單車馳之郡至則連攝郡事清夙繫囚三百更輸鍰法毋落猾胥手毀淫祠刱鄉社學焚其所受鄧析書而韻宋儒之格言以授之使誦習又畫策捕獲尤溪之劇盜百二十人盡埽其窟穴三載遷黃州府同知當發鄉父老吏民祖餞傾道勒

去思之文于石道擢浙江按察僉事提調學校階益勤于職歲周行郡邑必徧大要以正文體端士習為先既唱諸生第人人為語所以甲乙故即見斥者得自鳴而折之不得已而施檟楚示慘然色諸生人人退自快服三載進江西按察副使仍視學政所操舍一如視浙江時而加詳密以新建伯故有大功江西為祠祀之而大推明其學前後兩省所造成進士為名臣者不可指數吏部擬薦尚寶卿國子司業太常少卿

皆不果最後以　皇太子出閣召拜司經局洗
馬兼翰林院侍講以四品服俸居職母何丁母
喪歸服除即家擢國子祭酒其爲祭酒雖籍諸
生淑慝以辭示懲勸而大指出于寛久之擢禮
部右侍郎尋改吏部時年僅四十三榜戒語于
堂自警故事吏部大僚鐍車門所接見庶官不
能得數言以示嚴令階曰若爾何以能盡人才
也乃痛折節修詞色而下之見必深坐亹亹咨
訪邊腹要害吏治民瘼錯及寒暄可憐語冀以

窺見其人顧見者亦自喜得少宰心願爲之用
階益有縉紳間聲尚書熊浹雅重階托以肺腑
而階亦爲之竭力相與勵廉節獎恬退振淹滯
抑躁競一時翕然歸賢會浹以直諫忤旨去而
唐龍周用相繼代其重階則猶浹而又老多病
階數署部事所推轂宋景張岳王道歐陽德范
鏓皆天下長者而最後周用卒當推代者刑部
尚書聞淵名爲老成人非　上所急也階首推
淵淵入吏部顧自處前輩且嘗歷諸曹郎事取

立斷其待階不能如前二三公階意不樂求出
避之得兼翰林院學士教習庶吉士明年掌院
事兼會典副總裁階之授書庶吉士尤詳款有
恩義而其修會典亦能發凡定例時時出精裁
又明年與推內閣不果進禮部尚書仍兼學士
禮部之爲政者嚴嵩費寀皆好以法市利與吏
胥共之而孫承恩則耄倦不能別可否至階而
加振刷部事頗肅時　上察階勤又所委應制
文獨多稱　旨召入直無逸殿廬與大學士張

治李本俱撰齋詞　賜飛魚服及尚方珍饌上
尊無虛日吏部闕尚書廷推階爲首　上不悅
曰階方侍朕左右何外擬也階遂請立　皇太
子不報復連上疏請之又與同直四臣請之皆
不報蓋當繼　莊敬太子而立者　裕王是爲
穆宗而　景王與同齒又母妃盧得侍　上
中外未測　上意所嚮階恐有釣奇者故請之
亟最後當冠因而及婚禮若開講階復請先
裕而後　景　上意稍不懌明年以　萬壽推

恩加太子太保虜闌入塞遂薄都城階手疏請
釋邊將之在司敗獄者若戴綸歐陽安等詒行
營自效報可已又請　上還大內亟召羣臣討
兵事　上雖褒階忠愛而尚難還內召見羣臣
時內閣推階督視九門階亦慷慨請行　上倚
以自安故特用其副侍郎王邦瑞而申諭意焉
會有中涓陷虜歸者以虜求貢書叩云不許我
則進兵　上以示階及嚴嵩等且召對便殿
上謂且奈何嵩猶爲緩語曰饑賊耳不足患階

曰傳城而軍殺人若刈菅何謂饑賊　上曰然
復問虜求貢書安在嵩出諸褏曰禮部事也
上復問階階曰賊重且深矣不許恐激之怒許
則彼逞而厚要我　上曰苟利社稷珠玉皮幣
何愛焉階曰要有重於珠玉皮幣者　陛下能
許之否　上悚然曰卿策之遠雖然當何處階
曰請計緩之　上曰何謂緩階曰請遣譯者至
虜所詰之以用中國書而無番文且徵其情實
實則許之貢而責其暫出邊我得以益修備而

援兵益集虜且走不走而擊其墮歸可十全
上稱善者再嵩乃進曰　上幸一出視朝　上
不答階與李本從傍臾之　上曰可爾得無驟
乎階曰虜鴟張甚中外方洶洶恃　陛下而重
得一蹕聲若大旱之得雷霆胡驟也　上始首
肯陛出而會廷臣議皆言求貢非虜本情不宜
示中國弱階因秉酌所以面請者疏上而　上
果視朝申飭中外責數言事者甚厲非所望也
虜尋以飽去乃下階疏弗許貢階因薦故按察
副使聶豹都御史何棟才即召用之又陳善後
數策皆報可階所陳不能無剌譏用事者而當
召對時又頗柱嵩口嵩故與夏言顯讐寘之死
而言嘗薦階以是恨且忌之方思所以中階者
而孝烈祔　太廟之議起初　孝烈皇后崩
上欲祔之廟而念壓於　先孝潔皇后又　睿
考入　太廟非中外公論恐千秋萬歲後所祧
主或非　仁宗而　睿考遂下階定議欲以
孝烈先祔階合諸大臣議朝堂大約以　女后

無先入廟者請祀之 奉先殿時諸公相顧莫
敢應獨禮科都給事中楊思忠以爲然疏上
上大怒謂階與思忠專之足矣何諸臣爲令再
議階不獲已乃小婉其辭以爲 太廟九室皆
滿若以 今上論 仁宗固在所當祧第此乃
他日聖子神孫之事而仰煩 皇上身自議之
臣等愈有不安于心者夫夏廟五商廟七周廟
九今更遞益之于 太廟奉先殿各增二室而
升祔 孝烈皇后則 仁宗不必祧而 孝烈

可速祔 上難于增 二廟謂階故設難以阻
之愈怒促更議祧 仁宗祔 孝烈所以督責
階甚峻階惶恐謝罪不獲終守前說而前是
上信眞人陶仲文言于邯鄲建呂仙祠使階往
落成爲齋醮以祈福階心知其非不敢辭乃以
議祔廟解旣 上改議祔廟俾緩期階遂不復
請以至虜入寇 上意亦益懈乃使尚書顧可
學行而內銜階亡所發乃發之思忠于元旦摘
其賀表誤廷杖之百而斥之冀以怵止階嚴嵩

遂謂階可孽也所以中傷階者百方一日獨召
對　上與屈指論羣臣孰優至階而嵩徐曰階
所乏不在才乃才勝耳是多二心蓋以其嘗請
立太子也階危甚不知所爲唯益精心齋詞以
冀　上憐而寛之而左右亦多爲道地者　上
怒漸解時咸寧侯仇鸞方言邊事有姝寵與階
共直舍東西屋酒杯小暱嵩益惡忌階鸞時利
屬國虜朶顔弱欲掩以爲功謂其實導虜請大
發兵征之下禮兵二部議階曰征之易耳一征

而永撤我百八十年之藩籬且侯鸞所云導俺
答者卽得之俺答所夫焉知俺答之不利其土
沃而假手我也我得其地不能戍將毋爲虜外
圉何僉事趙時春以山東募卒入衞頗精侯鸞
惡而欲倂之每言時春暴且怨望流言漸狎聞
階挾緹騎帥炳出犒師所以慰諭有加歸以語
中貴人麥福俾婉曲白之　上乃弗果倂鸞自
是不悅階然方與嵩角弗暇也而會有獲間功
上復下階及兵部議鸞嵩俱獲峻加且延世

而僅錄階一子入監　上手注加少保尋進兼
文淵閣大學士參預機務始侯鸞自詭以必大
破虜得　上要契眷寵亡兩而其後言益不讐
顧益縱肆要請無巳　上頗心厭之然中外猶
畏其焰亡敢及者會鸞疽發背不能將虜警沓
至尚嘍唶不肯吐大將軍印階密言其不可恃
乞亟更置將　上歎而答曰吾非不知之欲甚
彼所爲耳乃因兵部疏馳使奪其印鸞一夕自
恨死死之五日而事敗妻子僇于市家盡籍嵩

之始見仇鸞敗謂階同直舍將以是媒之而會
詗知自階發而奪印中夜扶牀行咄咄曰吾長
于階二紀而智何少也自是謀稍息矣　上既
誅鸞益親重階數與謀邊事時議減入衛卒以
佚鸞嘗益之故階請毋懲咽而廢食今大同殘
而內邊弱入衛卒不可減也又言京營所以積
弱之故不在乏而在冗宜精汰之取其廩以資
賞費又請罷提督侍郎孫禬　上始格于嵩不
盡讐久而皆用之一品滿三載進勳爲柱國再

進兼太子太傅武英殿大學士滿六載兼食大
學士俸再錄子爲中書舍人加少傅九載賜兼
金文幣寶鈔肥羜上尊改兼吏部尚書宴禮部
璽書褒諭有加　上雖以重階而猶隱之嘗
分郡國所進五色芝授嵩本以方使鍊爲藥而
進御曰卿階政本所關不相溷也階惶恐言人
臣之義孰有過于保天子萬年者且非政本而
何　上乃亦授之芝使鍊藥而階益精專于
上所嚮往不復持矣會兵部員外郎楊繼盛論

嚴嵩罪狀而中有　二王皆知其奸語　上怒
下繼盛錦衣獄嵩謂　二王深宮何所知我奸
楊庶僚何繇知　二王之知我奸必有交關其
間者屬陸炳加根究階戒炳卽不慎一及　皇
子如　宗社何又爲危語動嵩曰　上僅二子
萬一根究得之必不忍以二子謝　公所罪左右
耳公獨奈何顯結宮邸怨也嵩戄然懼乃寢然
以階嘗議薄御史錦宗茂罰益疑階矣錦宗茂
故論嵩者也而是時倭事起　上以所蹂躪多

階鄉而階又曉暢軍事以故數數詢問時撫按亟告急請兵而職方郎謂兵發則倭已去誰任其費尚書惑之階持不可則以羸卒三千人往階上疏爭之曰江南腹心地也捐以共賊久矣今據撫按奏報或云意不在搶而在擾勢不欲去而欲留彼皆眞有以驗之而部臣于千里外乃能隃度賊之必去又隃度其去而必不來而阻援兵不發置此腹心地于度外臣所不能解也夫用兵之道當計發與不當發耳不當發則

毋論精弱皆不發以省費當發則必發精者以取勝而奈何用虛文塗耳目置此三千羸卒與數萬金之費而餧賊臣又所不能解也尚書乃懼請發精卒六千人俾偏將軍許國李逢時將焉國已老逢時敢深入而踈驟擊倭勝之前遇伏潰當事者方以發兵爲階咎冀因而擠階而階復上疏謂法當責將校戰而守令守令者將校一不利輒坐死而守令偃然自如及城潰矣將校復坐死而守令復僅左降此何以勸懲也

夫能使民者守令也今爲兵者一而民者百柰
何以戰守併責將校也夫守令勤則糧餉必不
乏守令果則探哨必不誤守令警則姦細必不
容守令仁則鄉兵必爲用臣以爲重責守令可
也報可江南督臣張經素貴而汰然老將能持
重守便宜不輕與賊鬬而惡之者謂經家在閩
故近賊不欲擊以市恩而階信之數齕于上其
後經破賊卒不免于死前後督臣楊宜周珫斥
撫臣彭黯屠大山李天寵逮階有力焉而獨保

持曹邦輔人頗以爲當階又念虜移庭牧宣大
與虜雜居士卒不得耕種米麥每石直至中金
三兩而所給月糧僅七鐶半菽且不繼時畿內
二麥熟石止直四鐶可及時收買數十萬石石
費五鐶可出居庸抵宣府費八鐶可出紫荆抵
人同大約合計之費中金一兩而士卒可飽一
月食其地米麥當亦漸平具疏上　上大悅令
密撰諭行之時大同右衛危督臣楊順與御史
路楷比而殺故言官沈鍊至是復納賄嚴嵩以

求脫給事中吳時來劾而勝之遂與主事董傳策張翀劾嵩不勝下獄幾株及階語見嵩傳階旣已免每出直輒稱病謝客不見而益共謹于應制筆札　上久而察知階忠廉有所諮問故密以示嵩者皆舍而之階尋加兼太子太師會上所居永壽宮災徙居玉熙殿隘甚以問嚴嵩嵩乃請　上徙南城　上不懌更問階階曰上令居玉熙猶露宿爾臣子何忍安枕請筴之今者楚蜀甫息肩不可復困令伐材即伐材亦不可以歲月計而時方營　三殿有餘材其小而不中程者以當永壽則尚鉅請以責司空雷禮可計日而就　上悅如階議而命階之子尚寶丞璠兼工部主事同閱視時　上復自玉熙徙居玄都殿聞　京師內外多盜意恐恐欲以大營兵入衛階謂外兵衛宮禁非便請以錦衣緹卒衛玄都而營兵列宮城外爲儲胥以相屏蔽報可新宮成　上卽日徙居之命曰　萬壽宮而褒階忠謀進少師兼支尚書俸予一子

中書舍人子璠亦超爲太常寺少卿而嵩日屈
議者頗善嵩對而微謂階之臾旨然以天下之
恨嵩迫欲去之而歸階政不以過也時階論邊
將則薦故遼帥楊照與偏將馬芳董一奎之材
勇　上卽爲擢用論有司失職則言吏部不當
狥賄囑　上卽爲罷歐陽尚書而拔郭朴代之
論選庶吉士請賜御題以防泄竇嚴詗察以防
挾遞　上卽爲罷選于是中外喁喁覘　上意
所右左謂治有機矣而階滿十二年考賚金綺
鈔緡羊酒如九載予誥命賜宴禮部階固辭乃
以白金四十兩綵幣四表裏充焉亡何而鄒御
史應龍論嵩父子罪　上勒嵩致仕下其子世
蕃獄戍之命吏部擢御史五品京職　上雖以
御史言去嵩然念其供奉久憐之而左右入其
間者從容言非嚴嵩誰爲　上奉玄　上忽忽
不樂手諭階及次輔袁煒欲退奉事玄如法傳
嗣治安天下令擬　詔行階等謝不敢而吏禮
二部奏遷鄒應龍通政參議得旨矣忽復奉

諭責階等不擬詔而謂二部臣皆奉贊者何一
旦官此邪物階復言退而傳嗣非獨臣等不敢
聞命天下皆不敢以爲然邪物之轉二部奉旨
而後行之臣不敢傳亦不敢泄不報時應龍內
危甚謀于階階曰弟之任有其在毋慮也已而
上不欲階久直曰無以杜兒輩姦階謂陸傅
悉馬使酒狹邪爲姦長安中者不在外弗杜也
甘言比周相合而爲姦于朝堂則在內猶在外
也　上悟輟分宜直廬以賜階中外人情大安

于是階始爲政書三語懸之直廬朝房壁曰以
威福還　主上以政務還諸司以用舍刑賞還
公論于是公卿大夫咸保保冀異行意矣會袁煒
數出直階請以時邀至直所同擬旨　上不可
階謂事同衆則公公則百美基專己則私私則
百弊生乃從之時給事御史以抨擊鈎黨貴臣
過當　上覺而惡之再下階欲有所行遣階委
曲調劑得輕論會問階知人之難階對曰大姦
似忠大詐似信自古記之知人則哲唯帝其難

念欲有以易其難者惟廣聽納而已廣聽納則窮兇極惡人爲我攖之深情隱慝、人爲我發之未用者不濫進矣已用者不濫留矣故聖帝明王有言必察事大而言實者行之其不實者小則置之大則薄責而容之以鼓來者 上稱善良久自是于白簡所封進即小忤弗深治而言路恃以疆益發舒矣時戶部歲請御史糴粟宣大喈謂巡按權重于糴粟御史而熟宣大事且可以時低昂其直遂歸之巡按工部請開例而

議及贖鍰喈謂贖鍰例以濟邊市穀者今一切充筐篚宜嚴禁兵興日餉日益增民益困今寇漸輕矣宜裁省逋額不分歲而徵將何所措手足宜以緩急爲限皆用 詔旨行之民稍蘇伊王坐法錮 祖陵貲當籍故事籍貲者悉入內帑喈示意撫按俾部禁物應格而餘金錢三之二、以一充邊用一補宗藩之祿不給者廣大寇張璉平 上以運籌策歸功喈喈力辭僅領下賞念以曩者夏言執政內閣臣始預邊功賞以

至嚴嵩重則加公孤錄子孫輕亦兼金重幣敗不與其罰欲自解則先附玄威以中　上意而將士效百死取功名于鋒鏑者肆爲稽故以要之于奏功疏擬上云軍功論賞非實在信地戰守者不得與其將士功次立限速勘以聞内閣臣自是不復預邊功賞矣乃至大朝工完階自擬僅從賞金一鎰幣二　上手筆加半當是時將作大匠徐杲有殊寵旣以久絓尚書銜欲引弘治尚書黃冠崔志端例加太子太保力諫而止第不知志端僅以尚書終未嘗加太子太保也虜後繇墻子嶺闌入直趣通州報至階草勅命大將侯顧寰等爲九營營九門外文武大臣英國公張溶等廵視九門内緹騎帥朱希孝帥其腹心將校往來干掫以故中外心稍定而上方有祠釐斷章奏兵部尚書楊博得警急不敢奏而謀之階以便宜檄宣府帥馬芳宣大督臣江東各以兵入援芳兵先至階請于　上亟賞之又請重江東權俾諸道兵俱屬焉虜阻

白河水從通掠香河　上令看詳楊博疏階請
亟先備順義而以奇兵徼之古北口虜果趣順
義不得入乃走古北口其後軍遇參將郭琥伏
而敗頗得其所鹵人畜輜重始　上以尚書博
不蚤聞與總督楊選之不能卻虜而任之入也
怒甚俱欲有所處分而未發階念能爲縣官任
重曉暢邊事者毋如博即一旦失之緩急何恃
且博與選不能兩全乃備言博雖以景命祠釐
禁不敢疏聞而二鎮兵皆其所先撤者　上復

問選今尾賊能擊之否階言非尾賊乃送之出
境也　上以是益怒選竟誅之而不罪博至賊
退大遷賞勤王將士忽以階與輔臣袁煒勤勞
欲加恩有所崇進而次及尚書博等階力辭言
賊得志而去不能大有所芟刈方憂愧之不暇
至于臣博方爲臣言欲席藁待罪而未敢幸
上赦之將洗心滌慮以圖後善何恩賚可希始
袁煒聞而咎階謂何故辭至是　上報諭言博
果有人心者當不安此恩賚也煒乃服階自是

爲博畫筴往往先　上所嚮事必中便宜乃從
容爲　上言亡論練事如博卽舍博疇能委心
事縣官如博者　上然之自是注倚博不復替
矣階請收戰士骨瘞以大冢具十中牢爲文祭
之明年虜復窺黃土嶺及一片石　上憂以問
階階謂有白文智在而胡鎮董一元兵相肘腋
三人者皆梟將亡慮也亡何虜果爲文智所拒
却　上悅超予二官吏士人賚一金階又請城
張家灣城成與通相聯絡爲重以　萬壽進階

爲建極殿大學士其仲子瑛自中書舍人遷尚
寶少卿而袁煒驟貴爲少傅太子太傅建極殿
大學士煒故階門生也躁而驕頗欲以氣凌階
上階故柔之時握其手曰公命世才也非公誰
可與計天下者煒以故益攘臂公卿間亡所憚
而其俱爲承天大志總裁諸學士以志稿上煒
不以讓階而竄改之殆盡階亦不問也諸學士
意不平以語階階第曰任之而已會煒以久疾
失　上懽請急而歸卒于道得中謚曰文榮而

還志稿于學士盡去其所竄改亡一存者人頗亦以快煒而微訾階之薄階猶戲謂人吾爲尉則畏守爲守則畏尉如古快吏何得無爲彼笑煒旣歸道死階獨當國內不自安數上疏請增置輔臣而　上數難之大意以階孤忠且才足專任階乃客疏乞休謂曩時閣臣居首者以不時請骸骨人主亦以不時去留故不得擁此位爲私物而恩威常出于上此例也　上曰而亦徇例耶夫而自爲計美矣非所以爲　君爲國

之義也今惟有增置二員同汝輔政足耳階跼蹐言臣雖庸寍不知　天恩之與　聖知若此而忍負之所以不欲久用首臣者竊爲　主權國政計俾恩威常在　上而紀綱法度不至爲久而專者所擁耳于是階緣　上旨復請益二輔而　上復難之令俟數月愼擇乃可階言臣不敢避難顧衰轉甚矣內閣事體繁卽開敏者非假以歲月不易周悉萬一旦夕之間溘先朝露卽有繼者何所取裁夫人才須作養于一二

年之間而取用于數十年之後今以爲可即可以爲未可恐未以數月就也　上自是與階謀進尚書吏部嚴訥禮部李春芳入內閣而起故吏部尚書郭朴于憂俟滿代嚴訥郭朴者階所薦也時董份故次春芳以文見幸　上階故力薦朴以沮止之

李春芳

李春芳字子實揚之興化人也少舉鄉試久不利于公車而其後竟以狀元及第授翰林院修

撰嚴訥先成進士爲侍讀矣　上以齋醮繁而諸詞臣不備不能供時袁煒已先進與吳山郭朴茅瓚顯矣而猶少之遂進訥與春芳以同日撰文多稱旨遂同進翰林院學士復與董份同進太常少卿仍兼學士賜鶴袍　上已覺其太濫乃謂此一品服以重齋壇供事耳于是尚書皆不敢服而復進訥吏部右侍郎春芳爲禮部已俱轉左侍郎訥進禮部尚書春芳改吏部份亦至吏部左侍郎訥改吏部尚書春芳進禮部

尚書無何俱加太子太保又同以武英殿大學士入內閣郭朴既得召代訥而份代春芳爲禮部給事御史以份無大臣望而又採知階嚮亟攻之　上奪其職訥爲人小心恭愼而志卑識亦淺其在吏部稍自厲不肯通苞苴唯上狥階指嚮而下委責于選部郎陸光祖階爲　上言胡松毛愷高儀之賢而他若劉釆吳嶽諸君子相繼登用矣訥春芳之在內閣嚴事階甚不敢當僚寀有所斷决唯唯而已訥所爲齋詞唯恐不稱　上意惴惴至成疾久之不愈遂以就醫藥告　上許之歸而　上所推寄階益至階嘗當考十五載滿逡巡未敢請　上知之所以賜賚如前而亟　敕吏禮二部具政績恩數以聞請加階特進錄一子尚寶司丞賜　璽書褒諭宴禮部給三代誥命　上報曰卿等所議恩加都可仍加上柱國以示特眷階力辭　上手批曰卿忠誠公正念切邦民輔政多年勳猷茂著奏績加恩彝典不逾聽其辭上柱國而已　上

嘗賜階玉帶而侑以中金一錠曰爲帶資又擇繡蟒衣有珠者令衣以入階嘗病欬　上遣御醫診視賞賜如例復出自御珍劑二瓶手書方以賜慰諭諄懇如家人父子而階益自歛畏君第成不敢援張夏輩例以請名額階旣用恭謹得　上意卽眷重甚幸矣而其爲恭謹不衰上或有所委使通夕不敢假寐應制之文沓至促應有諸少年所難者未嘗逾頃刻期人以謂階階歎曰　君天也父也吾敢易之吾豈不知

愧諸少年計以得　上意此耳得　上意而後可有爲于天下夫欲爲一巳名不難誰與　上共天下者　上果日益愛階又時時采外議階以是益重所論建裨益亡間當階之前天下無所不中兵水旱沴厲乘之赤白之警歲不虛月分閫以上第無論貪債事一語不當　上指立就逮緹騎操瑯璫旁午道路大者誅夷小者竄謫而政地諸公復有竊　上顏色爲威福者數千里而外不能探所自益惴惴不自保計唯有

徙橐長安中論直市六尺軀而已階既日以寬大廣　上意又能鈎物情不自崇重竿尺往復有吐必露征鎮大臣咸慴于不敢隱而快于得自盡故階在政地大約緹騎建省獄十九廷尉若盧無所用深文雖其宛曲剤解之力多亦以意發舒少僨事故也階于他量情罪多所縱舍而獨馭貪酷吏嚴所坐獄必竟不少貸其杜干請絕苞苴卽長安公卿邸中俱肅然亡敢以筐篚出入者大計捧賀寮吏皆有余資歸老吏白首相驚咤以目創見無有一時稱之而其性頗好名而不惡諛以是縉紳大夫爭爲名高以中階好往往取通顯小人欲自解多爲近情之諛以蘄入一時不能覺也階既尊新建學而其門弟子若尚書聶豹階所師事者尚書歐陽德李遂郎中王畿輩階所友者咸各有徒衆不能盡遵行所聞知而所至挾詐恣爲奸利海內苦之頗指以歸咎階嚴嵩既用請告歸而郭朴高拱入朴河南之安陽人偉貌黑色少舉進士改翰

林院庶吉士授編修滿九載始進侍讀又六年
進左庶子俄兼侍讀學士掌院事擢禮部右侍
郎改吏部預撰齋詞仍兼侍讀學士轉左侍郎
去侍讀爲學士加太子賓客予二品服俸滿六
載南京吏部闕尚書　上以其久次憐之特命
朴往加太子少保朴上疏辭請得以原官供事
上益憐之俾以禮部尚書掌詹事府遂改吏
部尚書亡何以父喪歸再起原官尋加太子太
保

嘉靖以來內閣首輔傳卷之六

吳郡王世貞著

高拱

高拱字肅卿河南之新鄭人生而狀瓌奇刻苦學問通經義務識大指爲文不好稱詞藻而深重有氣力十七舉鄉試魁其經又十三年始成進士改翰林院庶吉士授編修滿九載遷侍讀時 穆宗爲裕王開邸受經而拱首與焉拱至進講輒反復辨析 王頗目屬之而又與其邸

近幸中貴人昵好亡間時輔臣嚴嵩徐階內相猜若水火拱往返其間亡所見厚薄而嵩階亦以其在 王邸異日當得重相與推轂之以是亟推遷爲翰林院侍讀學士時秦鳴雷已先爲學士矣顧僅遷南國子監祭酒而拱遂以太常寺卿兼國子祭酒亡何拜禮部左侍郎尋轉吏部左侍郎掌詹事府仍兼學士拱凡一副主鄉試復主會試所搆程式文頗見稱而其主會試也所進題以字嫌忤 上意幾欲有所行遣階

從容解之乃已尋拜禮部尚書召入直撰齋詞
賜飛魚服亡何與郭朴同入內閣朴得武英殿
大學士而拱爲文淵閣大學士春芳以朴銜吏
部遂亦改吏部居朴前然事皆決于階春芳等
具員而已　上有所顧問亦唯及階階之始爲
禮部以至首輔十五年而請立太子者數四
上春秋高意不欲言繼嗣輒報寢時　裕景二
王方并重朝野憂其端以爲且有所更樹姦人
從而陰爲蠹矣一旦　諭景王之國咸鼓舞稱

慶而姦人者亦得罪去一日　上忽下諭自謂
郊廟弗躬早朝久廢且病蘄弗任卦數向周宜
卷身奉玄傳繼不可緩不然恐或後醜耳且令
與在直諸臣密計以對階皇恐對謂此豈可與
諸臣計夫所謂後醜者必有非常悖逆之人而
又有大奸惡左右之以有此叵測今何足疑也
上又謂得無以久待爲恨乎階又力辨而
上猶以　成祖之注意在孫而弗及子爲問且
云賢孝難必吾言不甚妄階又言　成祖之在

位久　仁宗之在位促皆天命也繼承之際史
冊甚明　上道德隆備天命所歸而今之賢孝
又中外所共聞萬萬無可疑者居月餘景王自
德安奏書以
上不豫請躬詣玄嶽祈禳以嘗
上下階擬階知爲中涓泄之方謀所以沮止
而王亦病復奏書請醫階因擬遣醫調治而令
王且靜攝毋輕動俄而王薨于是　裕王乃復
安景王所請全楚土田湖陂可數萬頃皆侵之
民階擬悉以還之諸王無得乘而矯攘者楚人

大悅　上以祈雨故欲建雩壇又欲重建　興
都故宮殿階以府庫財竭而郢襄困水力阻而
止天下鹽額獨淮揚重歲賦六十萬金而前是
鄢懋卿欲取
上悅增之至百萬金商不能供
至有雉經者則皆竄徙階乃風御史奏復故額
額乃登竄徙悉歸
上故好玄素術多所服餌
晚節益甚階時時持之而方士熊顯與藍田玉
胡大順比而爲妖妄鍊水銀托乩語進曰金書
天章是爲先天水銀長生之藥　上以問階階

力言其不可輕餌乃巳又以乩當請而不下問
階階對謂紫姑附筆亦有之第此曹不能究其
術大較與所使媾結得　上旨乃能答令不得
上旨故不能答耳因極言藍田玉胡大順譸
張恫喝以挾取人貲不可信亡何俱以妖露論
死　上既以服餌故病躁而戸部主事海瑞極
論　上過失及因而風譏階　上恚甚逮置詔
獄欲殺之且諭階于南都治別殿棲止以避瑞
階謂　主聖則臣直瑞固戇然不過仰恃　聖

明在上沾直諫名耳殺之則成其名容之則益
見　聖德之廣　上抵階疏地巳而取讀之又
取瑞疏讀之遂得長繫　上雖不殺瑞然意忽
忽不樂病亦益甚諭階欲幸　興都階謂且試
之也因據　上體罷不耐輦路勞爲對而　上
意忽決諸中涓貴人皆具帟幙襆鋪之類六軍
且甲矣以問階階乃力言南幸事臣所以不敢
從命者一以爲　聖躬計一以爲國事計往者
興都之幸爲巳亥距于今二十有七年　皇上

自度精力之壯盛孰與往時計　聖體違豫十
有四月矣毋論彼二十七年卽今日體氣之康
豫孰與此十四月前夫輦行不及宮居之安途
次不及殿庭之適計天祐　聖躬豈必遠行而
後獲萬康之慶也己亥之歲虜警甚輕彼時猶
遣輔臣行邊六卿出督內而九門外而三關俱
設大臣帥重兵以塡之今之邊境聲息時聞內
外官軍未甚整練而六飛遠狩都輦空虛狡逆
之謀倘或竊發　聖駕在外能不驚憂抑不特

此二事而已至于有司科歛小民如　聖慈所
軫念全楚兵荒頻仍如撫按所奏陳者臣尚未
之及也　上指奏內狡逆之徒倘或竊發獨乙
之而報階曰此八字不可作常視其罷行于是
中外心遂安始春芳訥之共政也事階謹側行
傴僂若屬吏而朴拱皆階所薦也顧于禮稍倨
兩人皆河南爲鄉曲而拱以朴登貴事推之朴
念拱侍經　裕邸冀得其力兩人相與懽甚階
微聞之不懌而拱以驟貴而驕每謂階太假言

路爲非大臣體言路亦聞之而吏科都給事中胡汝嘉者才而好挾重故嘗與拱貌相善也偶劾罷拱之姻親工部侍郎李登雲拱與客言之而怒汝嘉內自危而又探知階意時拱未有子乃移家近西華門日伺　上晝寢則竊出與女媵私迫暮而後進又一日　上病甚誤傳有非常拱盡歛其直舍器服書籍出之汝嘉以是爲拱罪露章劾之且發其他事賴　上瞶不省階擬旨報聞而拱辭辨疏上亦兩解而已亦無所

褒美拱意階右之謂汝嘉欲深文殺我以是恨二人切骨亡何　上大漸遂崩當大漸時階念上英斷類　高帝獨齋醮土木珠寶織作不已民力小困而一時抗言廷諍得罪者雖其志若已伸而未牽復欲自登極詔發之不能無疑于改父而　上克終之德未光時門人張居正爲學士方授經　裕邸夜召與謀具遺詔草不以語同列質明謁　王請入臨畢遂以　詔草上報可　詔下朝野舉手相賀至有喜極而慟

者同列皆惘惘若失而朴尤推時語人徐公謗
先帝可斬也拱亦與相應和而是時朝儀廢
不講者二紀餘初元故老獨階一人在諸所草
剏皆中節而登極詔赦尤詳切人舉以配 先
帝登極詔云登極詔故相楊廷和草也廷和言
至是始驗都給事中胡汝嘉以數言事得用轉
橫而會吏部都察院考察庶僚汝嘉亦參與焉
既得 旨而復論救給事中鄭欽胡維新非故
事于法當罰懲而階時巳示公同列使輪直筆

而巳酌之時郭朴當執筆曰汝嘉小臣也 上
甫即位而敢越法無人臣禮宜削籍階度朴爲
拱報讐而傍覘拱則巳怒目攘臂乃不復言而
削汝嘉籍爲編氓命既下諸給事御史合疏請
留汝嘉其語有所侵擿階乃與春芳等具疏謂
汝嘉論救考察非法所以擬斥給事御史謂
上初即位宜開言路廣德意所以請留臣等欲
守前說則涉違衆而無以彰 陛下恩欲從後
奏則涉徇人而不能持 陛下法因兩擬去留

以請　中旨薄汝嘉罪調外而當階具疏時拱
故不言而目屬郭朴復力持之幾失色于是言
路意汝嘉謫出拱指羣上疏攻之　上以拱輔
臣且故嘗受經不聽歸而言路益攻之不已拱
恚甚欲階擬旨杖責階從容言當　先帝時以
謫斥威言者不已而至杖杖不已而至戍且長
繫戍長繫不已而至僇然竟不能杜其口有如
海瑞者出吾曹人臣耳寧可以力勝拱益不悅
而恃　上左右多　裕邸中知舊乘忿抗疏至

與言者辨而交相詈當是時內閣凡六人階與
春芳朴拱而益以陳以勤張居正以勤居正亦
皆　上所受經而拱友也一日方會食拱忽謂
階曰拱嘗中夜不寢按劒而起者數四矣公在
先帝時導之爲齋詞以求媚　宮車甫晏駕
而一旦即倍之今又結言路而必逐其藩國腹
心之臣何也階良久曰公誤矣夫言路口故多
我安能一一而結之又安能使之攻公且我能
結之公獨不能結之耶我非倍　先帝欲爲

先帝收人心使恩自　先帝出耳公言我導
先帝爲齋詞固我罪獨不記在禮部時　先帝
以密札問我拱有疏願得效力于醮事可許否
此札今尚在拱乃頰赤語塞春芳等邀而與至
階室謝罪階出卽堅卧引疾拱亦引疾　上俱
慰留之而拱以登極恩遷武英殿大學士與朴
春芳俱加少傅太子太傅驟貴甚于是給事御
史合而就階第敦勸視事而其醜詆拱無所不
極口乃至白簡無虛日而南都亦響應矣當

先帝日所以嚮信階甚階又多在直其二子在
外不能無干請舍人子横行鄉里間頗有指拱
故鉤得之緣飾爲疏將以訐指階而至是迫則
授其門生御史齊康俾上之階乃疏辨乞休而
左都御史王廷等合九卿及給事御史交章請
留階而極論拱與齊康罪狀　上爲謫齊康遠
外而許拱養疾然尚賜金幣馳驛遣行人導行
而使鴻臚卿宣諭階始出視事乃露郭朴所以
私拱而阻胡汝嘉狀于是言路移攻朴朴亦不

能安久之引疾去其恩禮薄不能如拱而頗有以階爲甚者時　上開經筵階爲知經筵事春芳以勤居正同知經筵事修　世廟實錄階與春芳俱充總裁亡何　上欲幸舊邸階等三疏止之不聽　先帝朝言事諸臣得罪者多自田間起暴貴而旣以階勝拱則恃而益强事毋論大小輙爭　上久而不能堪諭階等責其欺肆令詳處階言言官遭際昌時思欲報答非敢爲欺第性氣粗率則言或過當事出風聞則語有

失實不諳事體誠有之謹錄　聖諭傳示使各省改而同列尼之者云奈何不擬薄譴階曰卽
上遽有譴我曹且力諍而乃導之譴乎則曰如　上諭詳處何曰令省改卽處也及疏上
上亦竟弗罪也而御史李惟觀上疏請毋得詰言者以廣忠益階擬旨報聞　上以筆乙之而給事中馮成能復推其意爲疏婉而加詳同列謂得無復作報聞乙乎階擬　旨謂聽諫乃朕素心卽善言未嘗不嘉納昨諭爲不諳事體者

發耳白今宜審所言以稱塞朕意同列皆難之階曰彼獨不難言而我乃難擬也耳 上所以乙御史疏者正謂未有以開明之耳擬上果不異俄而有 中旨令翰林臣撰中秋宴致語階疏謂 先帝神主猶在几筵即小小宴樂猶不可而況致語哉 上于是併罷宴 上欲以九月詣天壽山行祀諸陵階與同列言 皇上此舉蓋重 祖宗弓劒之藏切歲時霜露之感非他遊幸比第 天子之孝以保安社稷爲大故

龍輴發引尚不親送 山陵二祭止于遣官今日暑雨而後禾稼淹沒坊舍摧塌萬乘親行六師供億何以待之蓋持者再而 上不聽乃盛陳北虜窺伺叵測意以聞始報俟異日其明年春警稍解 上竟行謁 陵禮甫至齋宮而使中貴人滕祥李芳以意問曰行禮在次日上欲輕騎一出觀形勝可乎階曰 上以祀來乎以觀形勝來乎以祀來則先遊而後行禮非所以展孝思也祥等曰然乃祀畢而後出遊俄

奉旨以太監呂用等分監團營兵階與同列上
疏謂今無所謂團營者且中官坐營起于 景
帝而革于 世宗臣望 陛下以 世宗爲法
以兵政隳廢爲慮 上不懌所以督責頗峻而
階等爭之益力乃爲寢前旨俄復命修內教塲
勒中貴人習騎射階因御史言復率同官上疏
謂 陛下此舉蓋因邊方多事居安慮危故示
邊臣以意使之振戎飭武耳如御史言則有防
微杜漸之慮臣等竊謂邊方遠禁地近 聖躬

重戎務輕當 先帝時嘗欲立二內營而復止
之此必有深意在不可不三思也亦報寢 聖
誕日修 先帝故事加恩階錄一子尚寶司丞
春芳加兼太子太師建極殿大學士階尋考十
八年滿自劾求去溫旨慰留不聽而命吏部議
擬加支伯爵俸錄一子錦衣千戶仍進少卿璠
爲太常卿賜敕褒諭宴禮部階辭乃聽免伯爵
俸時有小璫以事干巡城御史不應則踵門而
詈御史御史怒執而笞之羣璫趣之司禮中貴

所欲奏訐御史階業爲解得免而御史乃前論
璫璫恨甚結黨百餘人要御史于午門毆辱之
都御史王廷擬疏糺羣璫以問階階念疏即行
彼璫爭自匿欲得其主名則且展轉不可究詰
萬一彼先之以誣我禍且叵測　先朝事可監
也乃使人致司禮之上佐曰尚文者語之曰諸
貴人羣毆御史業何處文倨謂內外各有體相
公毋但爲御史惜階曰吾非爲御史惜爲　國
家大體惜且爲司禮諸公惜耳文怪問何謂階

曰毋論御史王臣即　天子臨御之所而羣毆
人能保　上之不怒乎諸公何不以時詗得其
人而速奏之即外廷有繼者其輕重在諸公手
而　上必不怒諸公體故在也文悅以告其長
滕祥悉得其主名絫之王廷疏繼上羣璫窘不
能自匿又無可以宛轉道地者悉就逮杖其首
惡三人百發邊戍餘九人各六十爲南京淨軍
階既以　詔旨省諸鎮進鮮奪太和事權與諸
監局工役而所持諍又多　宮禁事伸者十且

入九往往假曲而行久之其人益側目而李芳
者故與粱佃俱侍　裕邸爲承奉其在　世宗
時芳已備散局其人頗好讀書自負以呂强鄭
衆之流甚惡嚴嵩奸而薄階以不能救正旣與
佃俱驟貴而佃聾老滕祥已卒芳益發舒數抗
章言外廷事而諸多以故事持之不盡讐芳頗
以望階階亦覺其意會諫　上幸南海子不聽
上疏乞休至三上皆優詔不許而亡何張齊之
事起張齊者戶科左給事中也使宣大納商賄

三千金而爲之請欲破壞鹽制以利予商大司
農格不行商聚而咻之事且泄故爲大言聳階
欲發兵十萬襲邊民之入虜曰板升者爲奇功
以解階哂而已已謁吏部尚書楊博博偶問君
近從二邊來鹽商得無困否齊謂博已知之復
上疏請考察庶僚及聽大臣自陳冀以恫喝止
博而階復謂非時不許齊迫則走謁階子璠欲
求爲居間璠病不出齊恨甚遂露劾階六事多
御史康陳語詔調齊外任階再上疏乞歸而張

居正意不欲階久居上且與高拱有宿約以密紙報李芳階銑不任矣遂許之尋賜馳驛再以春芳等請加恩給夫廩　璽書褒美行人導行如故事陛辭賜白金寶鈔彩幣襲衣于是九卿大臣給事御史上疏慰留而都御史廷獨探得齊納賄事劾之下獄論戍邊而春芳始爲政春芳爲人性寛平事期安靜不好爲躁刻時人比之李時其氣力不如也而潔廉過之時陳以勤張居正居其下居正視春芳蔑如也始春芳見

階乞歸而歎曰徐公尚不任調停我何以勝之旦夕惟有歸耳居正從傍曰如此庶幾成一名春芳嘿不應而亡何趙貞吉自詹事府入貞吉故有伉直聲既爲嚴嵩所籠絡不能堅久而晩節中貴人陳洪善而薦之既入多所紛更欲創革兵制與兵部尚書霍冀異使言官喋而逐之又緣冀孽吏部尚書楊博于陳洪復逐之中外皆側目春芳模稜而已不能有所持衡而居正與　上左右合起拱于家使掌吏部故事居內

閣者不當出理部事理部事不當復與閣務拱稱掌不言兼當爲部臣矣以故不遣行人齎璽書諭而僅部咨拱日夜馳至京而趙貞吉亦謀之春芳欲掌都察院春芳不能違拱既陛見與貞吉俱免奏事承旨遂參預閣務而王廷與刑部尚書毛愷即日歸矣胡汝嘉以參議方憂居一夕自恨死而最右階而攻拱者歐陽一敬陳贊皆以給事中爲太僕太常少卿皆移疾歸一敬至在道憂死物情洶洶拱乃使其所知徧布

腹心于言路曰拱當洗心滌慮以與諸君共此治朝所修怨而快意者有如此日言路諸臣乃稍稍自安拱亦間進一二以明無他而拱既已安則漸横出而坐吏部斥陟四品以下風言路之爲其門人若韓楫程文宋之韓輩使齮齕三品以下入而扼春芳腕使必行而是時趙貞吉亦恨階之不留爲禮部而遷之南京也相與日吹摘舊事以見階短時撫按諸臣猶舉遺詔請褒進刑部主事唐樞官而麿杖死者都給事王

汝悔子拱特為之寢格而上疏極論謂　先帝
以神聖御極峻烈鴻猷昭揭宇宙　皇上嗣登
寶位志隆繼述所謂不改父之臣與父之政而
當時不以忠孝事君假托　詔旨于凡　先帝
所去如大禮大獄及建言得罪諸臣悉起用之
不次超擢立至公卿其已死者悉為贈官廕子
夫大禮　先帝所親定所以立君臣父子之極
也　獻帝尊號已正明倫大典頒示已久而今
于議禮得罪悉從褒顯將使　獻皇在廟之靈

何以為享　先帝在天之靈何以為心　皇上
歲時祭獻何以對越　二聖至于大獄及建言
得罪諸臣豈無一臣當其罪者而乃不論有罪
無罪賢與不肖悉加褒顯無乃以反商政待
皇上歟即武王克商反其政亦不過釋箕子囚
封比干墓加意賢者而已未聞其于商家所不
用之人盡用之也而況　皇上乎　皇上　先
帝之親子也議事者　先帝之臣遺諸　皇上
者也而乃敢于如此自悖君臣之義而傷　皇

上父子之恩非所爲訓天下也夫人臣歸過
先帝反其所爲以行巳之私臆非一日矣宜亦
有明之者矣而今當事之臣尚公然爲之不覺
其悖傷觀之人尚漫然視之不以爲非豈天理
果滅人心果死歟若終始嘿嘿不一破其說恐
天下之人直以悖逆爲當然天經地義淪斁日
深無父無君之事將由此起則何以爲國也得
旨是其言罷樞及汝梅不旌復以遺詔王金
陶世恩等妄進藥物損朕躬而法司當之子殺

父律當剮當朝審拱復上言臣閲此讞牘不勝
隱痛流涕曰 先帝之受誣一至此哉古之人
君有殞于非命不得正而終者其名至爲不美
先帝聰明睿智事無大小洞屬隱微至于保
愛 聖體尤極詳慎即用太醫進劑亦必有
御札與輔臣商確安肯不問可否輕服方士之
藥又安有既服而受傷不以爲言又復服之理
先帝臨御四十五年享年六十壽考令終蓋
自古所罕有者末年抱病經歲從容上賓曾無

暴遽天下所共聞而今乃擬王金等前律謂
先帝爲王金所害然耶否耶議事者不知何意
誣以不得正終天下後世以 先帝爲何如主
因乞下法司更議其罪仍宣示遠近付史館有
旨復是其言前是時有司所論金等殺父律
果未當拱得以藉口其議亦有可采者而拱意
實欲寘階死所謂欺謗 先帝假托 詔旨皆
死法也且因以傾春芳賴 上不甚解不及階
法司改擬王金等至戍刑科給事中駁謂金等

坐前律固不當而熒惑 先帝事有指宜坐斬
勿赦拱怒遂遷給事中于外拱爲人有材氣英
銳勃發議論蜂起而性迫急不能容物又不能
藏畜需忍有所忤觸之立碎每張目怒視惡聲
繼之即左右皆爲之辟易既漸得志則嬰視百
辟朝登暮削唯意之師亡敢有抗者間遇親知
引滿詼浪一坐爲懽在詹事日與學士瞿景淳
同修大志嘗引鏡自照曰吾殆神龍乎景淳老
儒然亦好戲曰公以爲龍耶吾直謂蚯蚓耳拱

大怒擲鏡碎之詬曰出景淳春芳座主也以侍郎歸病卒而是時陳以勤與拱俱爲　裕僚而名位亦相等拱意忌之會以勤奏時政六條中于吏部微有忤偶與其屬言及曰高公故不諳此其屬泄之拱拱怒卽故屈其奏多不行而以勤微知其端上疏懇乞休優詔加兼太子太師吏部尚書　璽書褒獎賜金帛夫廩馳驛使行人護行以勤歸而拱益横旣覘知　上意有所不悅于言路遂因左右媒而傳　旨下吏部考

察拱請與都察院共事貞吉雖故與拱合而欲甘心階然惡拱之借考察以盡快宿憾上疏止之不聽而拱以是恨貞吉拱乃悉錄其嘗論摘者魏時亮等黜之陳瓚等謫之而間及貞吉所厚貞吉亦持拱所厚以兩解拱以是益恨貞吉而韓楫爲吏科都給事中遂上疏論貞吉庸横疏當罷貞吉恚力辨謂人臣庸則不能横横非庸臣之所能也往奉　特旨命臣兼掌都察院事臣所以不敢致辭者竊思　皇上任高拱以

內閣近臣而兼掌吏部入叅密勿外主銓選權任太重雖無丞相之名而有兼總之實即古丞相亦不是過此　聖祖之所深戒而垂之訓與者　皇上委臣以綱紀彈壓之司與之竝立豈非欲以分其勢而節其權耶今且十月矣僅以此考察一事與之相左耳其他壞亂選法縱肆大惡昭然在人耳目者尚禁口不能一言有負任使如此臣真庸臣也若拱者然後可謂橫也已夫楫乃背公私黨之人而拱之門生其腹心

羽翼也他日助成橫臣之勢以至于摩天决海而不可制然後快其心于此以見其端矣古之史魚一小國之臣爾雖死不忘其主尚欲以尸諫臣受　皇上知遇若此今雖去敢不以　國家大禁　聖祖之所深戒者一陳于君父之前乎因請還拱內閣勿再預吏部事中貴人洪雖欲兩庇之知必不可竝立爲言于　上使貞吉歸而拱亦上疏辨其辭頗遁　上優詔慰諭之然竟貪吏部權不能辭也　階之在　先帝朝而

燕中有習白蓮教者相聚爲奸淫不已且若有
興謀其伍有告之階家僮徐實者階以屬兵部
時楊博爲尚書悉捕而誅之實論功得爲錦衣
衛百戶頗橫燕中至是拱使人告言實罪下獄
煅煉之俾引階爲誣人反妄殺以爲功而不能
就止坐實他事死拱益怏怏于是召齊康起張
齊而會階之鄉人陳懿德者素不悅于階自翰
林謫而拱其座主擢爲尚寶司丞懿德乃與同
門韓楫程文宋之韓及兵部郎中周美等日爲

拱恫喝言階以數萬金謀于中貴人且起用矣
至曰階使刺客刺公矣時時推算階星命以媚
拱曰階于法當僇死其數亦盡今歲而階之子
前太常卿璠與少卿琨性貪鄙嘗使其家人置
私邸于燕市貲可三萬金階不知也客乃爲拱
謀階所藉以復起者貲竭其貲可無復起乃因
階之鄉人漢陽守孫克弘行候問而指其爲階
所使捕其人下司隷御史使引邸中僮奴悉逮
而籍之復使給事中張博等論階三子行巡按

御史逮而起其門人前蘇州知府蔡國熙于家復其官旋擢爲蘇松兵備副使委以階父子而階之讐復上書誣階父子事併下撫按悉以委國熙國熙故任蘇時潔廉有惠愛時階方在政而奴之賈于蘇者橫國熙以法外窮治之御史聞而數難國熙不自得乞休家居久不能持貧而謁齊康挾之干拱拱悉其事故擢之國熙乃窮治其事且募能言階三子及家人事者有賞于是階之故人子前府同知袁福徵諸生莫是龍皆以微憾爲謗書藉陳懿德以投拱福徵遂即家補鳳翔且之任首挾階五百金于是凡生平賂階之三子者有所負進而多責償者皆前挾金不已而奸猾小人至無故而挾之亦得所欲去三子皆就繫僅階留而不堪其咻堵其室矣松俗故澆至是遂益潰壞浸淫及他郡拱于是多改其門生爲部屬大理者悉以爲給事御史而部之員外郎至知州入而實授五品者亦得爲給事自劉瑾亂政時一行之數十年所未

有也前是虜大酋俺荅走其孫于塞請歸之當
入貢因與互市邊臣王崇古方逢時爲言于朝
朝議嘩唶不能一拱奮身主其事張居正亦和
之所以區畫頗當亡何而貢成春芳亦緣以進
少師中極殿大學士兼支尚書俸而拱加兼太
子太師居正加少傅俱進建極殿大學士錄一
子尚寶司丞春芳雖以拱之故不得舒然猶時
取裁酌不至過甚閒爲階寬解而拱漸不樂南
京吏科給事中王禎緣而論春芳乃力請骸骨

凡三上疏許之恩數一視階而拱當居首陽上
疏請解部事三辭　上不許而賜之白金文幣
繡蟒服所以褒諭甚厪亦陳洪力也時廣寇方
鴟張督撫臣請以兵討除之與拱意合乃爲獎
借得盡力而遼東數與虜角拱善其撫臣張學
顏以及總帥李成梁撫而用之遂屢勝成功名
拱初起強自勵人亦畏之不敢輕賕納而其弟
爲督府都事者依拱後第而居于是韓楫等乃
數携壺榼往爲小宴拱負閣或吏部歸卽過其

弟見而悅曰若等乃爾懽吾不如也已留酌自
是以爲恒而益以珍餚果飲食愈暢乃各進其
所私人欲遷某官得某地拱時已且醉曰果欲
之耶以一琴板書而識之次日除目上矣以是
其所狎門生及客皆驟富門如市而楫文之韓
輩有所恨于他給事御史至中夜警門而入拱
出見之則陽怒若氣不屬者曰某某乃欲論吾
師吾知而力止之暫止耳故不可保也拱恚且
恐質明即召文選郎移缺而出其人于外亦不

更詳所繇以是中外益畏惡拱以爲叵測而拱
最後時時語客曰日用不給奈何其語聞諸撫
鎮以下賕納且麕集矣初司禮之首璫闕時馮
保以次當進而偶有所忤不得意于 上拱亦
素畏之乃緣 上意薦陳洪洪故長御用者也
例不當司禮而得之保恨洪因併恨拱洪因而
力爲拱內主然其人不甚識書久之以忤旨罷
出外而孟冲長尚膳者也與司禮遠而以割烹
當 上意拱復薦之而保居次如故其恨拱刺

骨拱亦覺之拱故爲祭酒而張居正以中允兼司業拱自負以必且相相則當雄重不爲經常貴人而已而器居正材謂且勝我居正亦委心依拱兩人懽相得不啻兄弟每夜語恒達丙而其後拱不客于階居正爲之謀得善歸其復出居正亦與有力復合而傾其同類且盡僅一殷士儋亦　裕邸故臣自禮部入累遷至少保武英殿大學士矣士儋之入亦中人援以不由拱故拱不能無恚而居正亦厭之士儋椎不能曲

事拱而拱素賢張四維自諭德躐爲學士又躐爲吏部左侍郎幾欲前薦之入閣而士儋得之故亦心怨拱與四維會四維以監鹽事見糺御史部永春雖解而他御史復及之疑出士儋指于是拱之客亦有爲四維而論士儋者士儋亦疑出拱指而韓楫復揚語脅士儋欲其自免歸故事給事中朔望入閣揖士儋對衆而詰楫曰聞科長欲有憾于我憾則可爾毋爲人使旣別拱語之曰非故事也士儋忽勃然起曰若爲張

吏部道地而抑我我不敢怨而今者又逐我而使張吏部據我坐若逐陳公再逐趙公又再逐李公次逐我若能長有此坐耶揮拳擊之不中中几其聲砉然拱不能卒答居正從傍解之亦誶而對明日韓楫之疏上士儋得請致仕而階從困中上書拱其辭哀拱雖暴戾頗心動居正亦婉曲以解而蔡國熙所具獄成其長子璠次子琨珉其少子瑛家人之坐戍者復十餘人沒其田六萬畝于官御史聞之朝拱乃爲　旨謂太重令改讞而國熙聞而變色曰公賣我使我任怨而自爲恩尋以遼東大捷聞拱進柱國中極殿大學士而居正以六年滿加兼太子太師至是再加少師是時內閣獨拱與居正拱等因上疏請益補報謂吾用卿二輔以理天下足矣何必益拱乃薦起故少傅吏部尚書楊博禮部尚書高儀于家然尚不肯還傅于吏部而使之長兵部儀亦以原官領詹事府而已久之儀始以文淵閣大學士入閣與拱同事而御史汪惟

元上疏譏刺時事謂執政之臣不當爲操切報
恩佽拱召而詈之亟補按察僉事以出而尚寶
卿劉奮庸所上疏其譏刺益切給事中曹大埜
遂抗章糾拱罪狀遂幷奮庸謫外而疑居正與
知之又以其常與中貴人通而匿其事面叱數
甚口居正頰赤强笑謝罪拱淺人也不復記而
居正銜拱深然絕不露拱以大埜言稍戢斂而
司禮孟冲復恃旨出外保遂代之與拱意相忌
而　不豫寖大漸召拱居正見而馮几執

拱手顧　皇后言以天下累先生且復爲諭屬
拱等後事事與馮保等商確而行俄而　上晏
駕時　今上在東宮拱乃條列即位數事上之
頗周悉然大指使政歸內閣而不傷落尋要其
門下給事御史爲諸疏以劾馮保時居正當遣
視陵地不出拱使所厚語居正曰當與公共立
此不世功因語云云居正陽笑曰小事耳何足
言不世功而密遣人報保保得爲備乃言于
皇后　貴妃曰拱欺　太子幼冲欲迎立其鄉

周王以爲功而巳得國公爵矣又多布金于
兩宮之近侍俾言之　皇后與　貴妃皆錯愕
保乃抑給事御史疏不遽達而擬　旨逐拱責
其專擅無君令卽日歸田里以次日召羣臣入
聽宣　詔拱猶謂此必逐馮保也使使約居正
入朝居正前巳知之而稱腹疾故徐徐進至奉
天門中官出　三宮詔皆敕而授鴻臚使宣則
逐拱拱面色如死灰汗陡下如雨伏不能起居
正傍掖之起使兩吏扶携出以明晨僦驘車出

宣武門道傍人皆揶揄之有詈者居正乃與高
儀疏請留拱不許請給驛許之至良鄉而始具
威儀以歸于是階事盡解三子皆復官家人不
麗一笞杖至年八十　天子遣行人卽家　賜
璽書褒諭錫金幣及繡蟒服階遣其孫疏謝詔
予官中書舍人明年卒賜祭者九復加四祭以
示重官爲治葬贈太師謚文貞再予一子官尚
寶司丞又明年春芳亦卒賜祭九加二祭其他
俱視階亦贈太師謚文靖而拱之歸也意忽忽

不自得間從故人飲或盛服擁輿從或乘一驢楚服馮策或從十餘騎遊獵而笑階深居掉書囊與客必談 朝家事為俗而亡何有奇衺人輕入至乾清宮門適 上出為誰何者所獲而馮保得之置刃其袖挾使稱拱與陳洪謀以千金餌而使行刺時保兼領東廠與朱希孝同讞獄且成矣保先使四緹騎馳詣新鄭順指縣官備拱之逸縣官卽發卒圍拱第家人悉竄其金寶鳥獸竄拱欲自經不得乃出見緹騎問將何

為緹騎曰非有逮也恐驚公而使慰之耳拱乃稍稍自安而會居正初亦欲重拱罪旣念以非事體乃微風保保尚持不肯從乃復風希孝希孝行數萬金以賂保用事者且賂 三宮左右當再讞忽大雷電保懼乃盡反其辭而坐其人以闌入宮門趣棄之市拱以驚憂成疾後稍愈不復振卒事見居正傳其家以卹典請馮保傳旨謂拱事 先帝欺肆不忠罷弗予居正等請之始許復其官祭葬如例已復傳旨止予半葬

而列其過于祭詞春芳之歸也父母故無恙曰
縱聲樂爲懽飲其父母以壽終而春芳病盲卒
時年七十五

嘉靖以來內閣首輔傳卷之六

而列其過于祭詞者若大歸在父母殁無恙曰

終辭榮祿謹食其父母以壽終而春秋尚有幸

得年七十五

嘉靖以來首輔傳卷之六